女子部食堂内。椅子や机も長年使われてきたものです。食事時間には、ひとつのテーブルを複数の学年の生徒が囲みます。

女子部食堂。1999年に東京都選定歴史的建造物に指定されました。女子部中等科・高等科の生徒は毎日ここでお食事をいただきます。

初等部ではこの校舎の横にも畑を作り、カブやダイコンなどの野菜を育てます。休み時間は庭に出て、育ち具合をこまめに確認します。

初等部校舎。木造校舎は手入れが大変ですが、毎日児童が掃除をして、90年以上使い続けています。

女子部の百葉箱。気象の学習をした学年が観測をしています。野菜を育てているので、日々の気温や雨量も気になるところ。

台所に食材を運ぶためのリヤカー。料理の準備では、リヤカーに食材をのせて5～6人で運びます。校内には坂もあるので運搬は大変。

「お食事」と「お食後」

# あたたかい昼食を

自由学園の創立者・羽仁もと子は、自身が子を持つ母親だったこともあり、「育ち盛りの子どもたちに、冷たいお弁当ではなくあたたかい昼食を食べさせたい」と思っていました。そこで、学園では、暮らしのさまざまな技術を身に付ける「実際科」の授業として、昼食づくりを生徒が自らすることを決め、実践しました。与えられる「給食」ではなく、自分たちで準備をして、揃ってみんなでいただく昼食は、「お食事」と呼ばれてきました。

戦中、戦後の食糧難の時代にも生徒たちによる昼食作りは工夫を重ねて続けられ、今も家庭科の授業として、生徒はお食事をつくっています。1999年からは男子部高等科2年も週に1回、ほかの部では保護者などの協力を得ながら昼食づくりが行われています。

そんなお食事の中で、週に1度作られる洋菓子や和菓子などの「お食後」は、生徒たちが心待ちにする人気メニューです。初期から、献立にはお食後が登場します。たとえば1931年の女子部の「料理記録帳」には、「フルーツポンチ」が作られた記録があります。昭和のはじめという時代を考えると、シンプルながらもモダンな菓子も食卓に上がりました。

ほかにも、どの家庭にもあるような身近な材料で作れるまんじゅうやケーキ、季節のジュースをつかったゼリーなどがメニューに並びました。そうした中には、自由学園ならではのオリジナルレシピもあります。そのひとつ「希望満充（きぼうまんじゅう）」は1個で10人分の大きなまんじゅうです。1935年に生徒が考えて作り、戦時中の食糧難のころには、小豆あんだったものをサツマイモあんにアレンジし、今も作り続けられています。昼食のあとにいただくお食後は、昔も今も生徒の楽しみのひとつです。

## お食事は、暮らしの中心

お食事の時間には、テーブルにつく全員が気持ちよくその時間を過ごせるように、互いに心くばりをします。お食事の際には、学校生活にかかわるさまざまな報告を聞く時間もあります。調理を担当したリーダーは、その日の献立の紹介や、栄養価、費用などを説明します。食後には、生徒が食器洗いなどの片付けまでをおこない、調理だけでなく、お食事にかかわるすべての過程を経験します。

また、それぞれの部が畑をもち、生徒が野菜を育て、収穫できたものを調理してテーブルに並べます。男子部で育てた豚を全校でいただくこともあります。そうした暮らしの中で、生徒は自然と生産者に思いをはせるようになるのです。

自由学園のキャンパスは、食堂を中心に設計されています。全校が集まって食卓を囲む、まるで大家族のようなお食事は、今も毎日続けられています。

ある日の女子部高等科２年のお料理の授業。大きな鍋で野菜をゆでます。

盛り付けも大事な勉強のひとつ。食べる人のことを考えながら、ていねいに仕上げていきます。

# はじめに

私たちJIYU5074LABO.は、自由学園卒業生からなるユニットです。
自由学園のこと、そして自由学園で行われている教育をたくさんの方に知っていただきたいという、小さな思いからこのプロジェクトはスタートしました。

2017年に刊行した１冊目のレシピ本『自由学園 最高の「お食事」』（新潮社）は、たいへん多くの方の手にとっていただきました。
そして、今回ご縁をいただき、２冊目のレシピ本として『自由学園の「お食後」』のプロジェクトがスタートしました。

前回同様、自由学園に残っているレシピの記録と個人が持っている学生時代につけていたお料理ノート、そして記憶を元に、どの「お食後」を掲載するかの選定からはじまりました。
その後、ご家庭で作っていただきやすいように、レシピのアレンジ、試作を繰り返し、撮影を行いました。

メンバーそれぞれ、卒業して20年以上の月日が経っていますが、学生時代に学んだ当時の感覚がよみがえるのは、“お食事づくり”を通して、さまざまなことを学び、吸収した証しのように思えます。

このような機会を与えてくださったこと、そしてこの本を手にとってくださったことに感謝しております。

JIYU5074LABO.

# 洋菓子編

# スポンジケーキの作り方

スポンジケーキの焼き方をマスターすれば、ショートケーキやロールケーキなどが気軽に作れます。卵の黄身と白身を分けずに泡立て、きめの細かいしっとりとした生地にします。

**■材料（直径16cm丸型1個分）**

卵（Mサイズ）…2個
砂糖…80g
薄力粉…65g
バター…10g
牛乳…大さじ1 1/2

**■事前準備**

・薄力粉を2度ふるっておく。
・オーブンを180℃に予熱しておく。
・型にクッキングシートを敷いておく（テフロン型は不要）。

**■作り方**

① 牛乳とバターを小さな器に入れ、湯煎や電子レンジにかけて溶かす（電子レンジなら、500Wで約5〜10秒）。

② ボウルに卵と砂糖を入れ、ボウルの底を湯せん60℃程度で温めながらハンドミキサーで泡立てる（最初は高速回転で、気泡が細かくなってきたら中速に）。

③ 人肌（38℃程度）になったら湯せんからはずし、さらにハンドミキサーで泡立てる（全体が白っぽくなり、生地をすくって8の字がかける位まで）

④ 薄力粉を全体に振りかけるように入れ、粉を沈めないようにボウルを回しながら、底から上へとすくっては返しながら混ぜる。

⑤ ①をボウル全体に回し入れ、④と同じ要領で4～4回混ぜる。

⑥ 型に静かに流し入れる。

⑦ 180℃に予熱したオーブンで約25分焼く。
※生地の中央を軽く押して、はね返ってくるくらいが目安。

⑧ オーブンから出したら、すぐに10㎝程度の高さから型ごと台に落として蒸気を抜く。粗熱が取れたら型からはずして冷ます。

# ホイップクリームの作り方

洋菓子に欠かせないホイップクリーム。作る菓子の種類に合わせて、8分立て、10分立てと泡立て加減を調節します。

■**材料（作りやすい分量）**

生クリーム…200㎖
砂糖…15g

① ボウルに生クリームと砂糖を入れてハンドミキサーで泡立てる（室温が高い場合は氷水にあてながら）。

② さらに泡立てると少しずつ硬くなってくる。

③ すくって落としたクリームに山が残る程度が8分立て。

④ さらに泡立て、すくった時にピンとツノがしっかり立つ程度が10分立て。

# カスタードクリームの作り方

カスタードクリームも手軽に作ることができます。各工程でていねいによく混ぜると、なめらかで口当たりよく仕上がります。

■**材料（作りやすい分量）**

卵黄（Mサイズ）…3個分
砂糖…50g
牛乳…350㎖
コーンスターチ…13g
薄力粉…13g
ホイップクリーム…70g
バニラエッセンス…少々

■**下準備**

・薄力粉とコーンスターチを合わせてふるっておく

■**作り方**

① 鍋に牛乳とバニラエッセンスを入れる。

② ボウルに卵黄と砂糖を入れ、泡立て器でよくすり混ぜる。

③ ①の牛乳を中火にかける鍋のふちにふつふつと泡が出てきたら火を止める。

④ ③を沸かしている間に、②のボウルに薄力粉とコーンスターチを入れ、泡立て器で粉のダマが消えるまでよく混ぜる。

⑤ ④に③を少しずつ加え、泡立て器でよく混ぜる。

⑥ 牛乳を沸かした鍋に⑤を入れ強めの中火にかけ、常に木ベラで焦げないように注意しながらよく混ぜる。

⑦ 徐々に固まりだし、もったりとしてくる。そのまま加熱し続け、ボコボコと泡が持ち上がるようになり、全体に艶が出てきたら火を止める。

⑧ きれいなバットや耐熱皿にあけ、ぴったりとラップをして冷ます。

⑨ 冷めたカスタードをボウルに移し、木ベラでなめらかになるまで混ぜる。

⑩ 10分立てのホイップクリーム（P.12参照）を⑨に入れ、さっくりと混ぜ合わせる。

# ピーチショートケーキ

黄桃缶を使ったショートケーキは季節を問わず手軽に作ることができます。生クリームをはさんで、味わい豊かに仕上げました。

■材料（直径20㎝正角デコレーション型1個分）

卵（Mサイズ）…3個
砂糖…120g
薄力粉…100g
バター…15g
牛乳…40g
黄桃缶（固形250g）…2缶

ホイップクリーム
生クリーム…500㎖
砂糖…35g

カスタードクリーム
卵黄（Mサイズ）…2個分
砂糖…25g
牛乳…160g
コーンスターチ…6g
薄力粉…6g
生クリーム…30g
バニラエッセンス…少々

■下準備

スポンジケーキの作り方≫P.10
カスタードクリームの作り方≫P.13

■作り方

①スポンジケーキを作る（P.10参照）。
②カスタードクリームを作る（P.13参照）。
③黄桃1缶分は厚さ2㎜の薄切りにし、もう1缶分は1㎝角に切る。※黄桃缶のシロップはあとで使う。
④ホイップクリームを作る（P.12参照）。8分立てになったら半分を別の容器に移し、残りの半分は10分立てにする。
⑤スポンジを3等分の厚さにカットする。
⑥下のスポンジに、黄桃缶のシロップを刷毛で軽く塗る。
⑦半量のカスタードを薄く塗る。
⑧2㎜に薄切りにした黄桃の半量を並べる。
⑨10分立てのホイップクリーム半量を黄桃のすき間を埋めるように塗る。
⑩2枚目のスポンジをのせて⑥〜⑨を繰り返す。
⑪3枚目のスポンジをのせて手のひらで上から軽く押さえ、スポンジの上面に黄桃缶のシロップを塗る。
⑫8分立てのホイップクリームをケーキの上にのせ、塗り広げる。
⑬スプーンの背中を使って、波の模様をつける（a）。
⑭1㎝角にカットした黄桃を飾る。

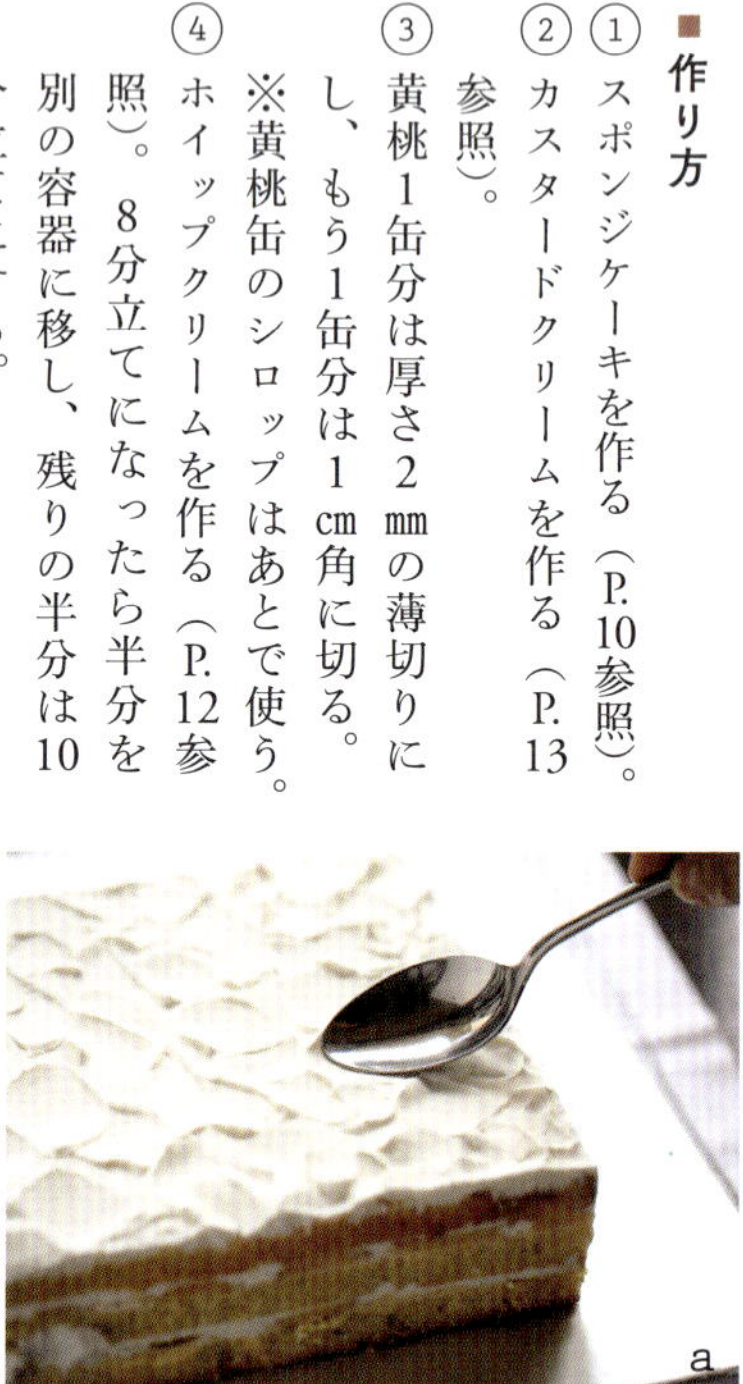
a

# ショートケーキ

定番のイチゴのショートケーキ。自由学園では毎年、新入生を歓迎するお食事会でいただきます。私たちが在学していた1990年代は、女子部高等科2年生が10人ほどで1000人分のケーキを作っていました。

■**材料（直径16㎝丸型1個分）**

卵（Mサイズ）…2個
砂糖…80g
薄力粉…65g
バター…10g
牛乳…大さじ1 1/2
イチゴ…1パック
シロップ
　砂糖…25g
　水…50㎖
ホイップクリーム
　生クリーム…400㎖
　砂糖…30g

■**下準備**

スポンジケーキの作り方≫P.10
・イチゴは洗って水気をきり、ヘタをとっておく。

■**作り方**

① スポンジケーキを作る（P.10参照）。
② ホイップクリームを作る（P.12参照）。8分立てになったら半分を別の容器に移し、残りの半分を10分立てにする。
③ シロップを作る。砂糖と水を鍋に入れ火にかけ、砂糖の粒が溶けたら、冷ましておく。
④ スポンジを半分の厚さにカットする。
⑤ 下のスポンジのカットした面に、冷めたシロップを刷毛で塗る。
⑥ 10分立てのホイップクリームをのせて平らに広げ、その上に、縦半分に切ったイチゴ6個分をカット面を下にして並べる。
⑦ さらに生クリームをのせ、イチゴの隙間を埋めるように平らに広げる。
⑧ もう1枚のスポンジを⑦にそっとのせ、手の平で上から軽く押さえ、スポンジの上面に刷毛でシロップを塗る。
⑨ 10分立てのホイップクリームをのせ、全体を覆うように塗り広げる。
⑩ 8分立てのホイップクリームをさらに全体に塗り広げる。
⑪ お好みの口金でクリームを絞り、残りのイチゴをのせる。

# ココアロールケーキ

ふんわりとしたココア風味のスポンジに、たっぷり入った生クリーム。甘さ控えめな大人の味です。

**■材料(30cm×3cm天板)**

卵(Mサイズ)…3個
卵黄(Mサイズ)…2個分
砂糖…90g
バター…5g
牛乳…15g
薄力粉…60g
ココア…10g

ホイップクリーム
生クリーム…200mℓ
砂糖…10g

**■下準備**

・薄力粉とココアをあわせて2度ふるっておく。
・オーブンを180℃に予熱する。
・型にクッキングシートを敷いておく(テフロン型は不要)。

**■作り方**

① 牛乳とバターを小さな器に入れ、湯せんや電子レンジにかけて溶かす(電子レンジなら、500Wで約5~10秒)。
② ボウルに卵、卵黄と砂糖を入れ、ボウルの底を湯せん60℃位で温めながらハンドミキサーで泡立てる(最初は高速回転で、気泡が細かくなってきたら、中速に)。
③ 生地が人肌(38℃程度)になったら湯せんからはずし、さらにハンドミキサーで泡立てる(全体が白っぽくなり、生地をすくって8の字が描ける位まで)。
④ 粉類を全体に振りかけるように入れ、粉を沈めないようにボウルを回しながら、底から上へとすくっては返しながら混ぜる。
⑤ ①をボウル全体にまわし入れ、④と同じ要領で4~5回混ぜる。
⑥ 型に静かに流し入れ、表面を平らにならす。
⑦ 180℃に予熱したオーブンで10分、前後を入れ替えて約5~8分焼く。
⑧ オーブンから出したら、すぐに型ごと10cm位の高さから台に落として蒸気を抜く。
⑨ 粗熱が取れたらクッキングシートごと、型からそっと外し、まな板の上に取り、大き目に切ったクッキングシートをかぶせて冷ます。
⑩ 10分立てのホイップクリームを作る(P.12参照)。
⑪ 生地が冷めたら、かぶせてあるクッキングシートごと裏返し、型に敷いていたクッキングシートをそっとはがす。
⑫ かぶせていたクッキングシートの上で生地を裏返し、焼き目側にホイップクリームを手前を厚く、巻き終わりを薄くして塗る(a)。
⑬ 手前の紙を持ち上げ、巻き始めの生地部分を指で押さえてなじませる(b)。
⑭ 紙を持った手を前に出すように動かし、一気に巻く(c)。
⑮ 紙で巻き終えたケーキを、軽く押さえて落ち着かせる(d)。
⑯ 紙ごとラップでくるみ、冷蔵庫で1時間以上休ませる。
⑰ 食べる前に紙からはずし切り分ける(e)。
※湯でナイフを温めてから切るときれいな断面に(f)。
⑱ 盛り付ける時にココアを茶こしなどで振る。

a

b

c

d

e

f

# ロール スポンジケーキ

酸味の効いたアンズジャムをはさんだ、シンプルなロールケーキ。家庭にある材料で、手軽に作れるので、おやつにぴったりです。お好きな厚さに切ってどうぞ。

■**材料(30㎝×30㎝天板1枚分)**

卵(Mサイズ)…3個
卵黄(Mサイズ)…2個分
砂糖…80g
薄力粉…70g
バター…8g
牛乳…大さじ1
アンズジャム…100g

■**下準備**

- 薄力粉は2度ふるっておく。
- オーブンは180℃に予熱しておく。
- 型にクッキングシートを敷いておく(テフロン型は不要)。
- アンズジャムを混ぜてなめらかにしておく。

■**作り方**

①牛乳とバターを小さな器に入れ、湯せんやレンジにかけて溶かす(500Wの電子レンジなら約5~10秒)。

②ボウルに卵、卵黄と砂糖を入れ、ボウルの底を湯せん60℃位で温めながらハンドミキサーで泡立てる(最初は高速回転で、気泡が細かくなってきたら、中速に)。

③人肌(38℃程度)になったら湯せんからはずし、さらにハンドミキサーで泡立てる(全体が白っぽくなり、生地をすくって8の字がかける位まで)。

④薄力粉を全体に振りかけるように入れ、粉を沈めないようにボウルを回しながら、底から上へとすくっては返しながら混ぜる。

⑤①をボウル全体にまわし入れ、4と同じ要領で4~5回混ぜる。

⑥型に静かに流し入れ、表面を平らにならす。

⑦180℃に予熱したオーブンで10分、前後を入れ替えて約5~8分焼く。

⑧オーブンから出したら、すぐに型ごと10㎝位の高さから台に落として蒸気を抜く。

⑨粗熱が取れたらクッキングシートごと、型からそっと外し、まな板の上に取り、大き目に切ったクッキングシートをかぶせて粗熱をとる。

⑩生地が冷めたらかぶせてあるクッキングシートごと裏返し、型に敷いていたクッキングシートをそっと取る。

⑪生地を裏返し、焼き目側にアンズジャムを塗る。

⑫ケーキを巻く(P.18⑬~⑮参照)。

⑬紙ごとラップでくるみ、冷蔵庫で1時間以上休ませる。

⑭食べる前に紙からはずし粉糖を茶こしなどで振り、切り分ける。
※ナイフを湯で温めてから切るときれいな断面に切れる。

# チョコレートケーキ

アンズジャムをはさんだスポンジケーキを、甘いチョコレートでコーティングしました。最後にクルミをトッピングして、食感を楽しみます。

■材料（直径15㎝丸型1個分）

卵（Mサイズ）…2個
砂糖…80g
薄力粉…65g
バター…10g
牛乳…大さじ1 1/2
アンズジャム…75g
チョコレート…30g
生クリーム…40g
クルミ…適量
シロップ
　砂糖…30g
　水…大さじ3
　ラム酒…小さじ1

■下準備

スポンジケーキの作り方≫P.10
・アンズジャムを混ぜてなめらかにしておく。

■作り方

① スポンジケーキを作る（P.10参照）。
② スポンジケーキを半分の厚さにカットする。
③ シロップを作る。砂糖と水大さじ2を鍋に入れ火にかけ砂糖の粒が溶けたら、冷ましておく。冷めたら残りの大さじ1の水とラム酒を入れて混ぜる。
④ 下のスポンジのカットした面に、刷毛で軽くシロップを塗る。
⑤ 2/3の量のアンズジャムを塗る。
⑥ 上のスポンジは焼き目を下にして重ね、残りのアンズジャムを上に塗る。
⑦ ラップをし、ケーキを冷蔵庫で冷やす。
⑧ ガナッシュを作る
・チョコレートを細かく刻む。
・鍋に生クリームを入れ火にかけ、生クリームのふちがフツフツしたら火から下ろし刻んだチョコレートに加え、泡立て器で手早く混ぜる。
※チョコレートが溶けきらない場合は、泡立て器で混ぜながら湯せんにかけてボウルを温める。
⑨ 冷蔵庫からケーキを出し、ガナッシュを上からのせ広げる。
※冷めると固くなるので手早く広げる。
⑩ クルミをトッピングする。

# ボストンクリームケーキ

いつの時代も、お食後の中で人気ナンバーワンのボストンクリームケーキ。シンプルなスポンジケーキに、濃厚なカスタードクリームをはさんでいます。

■ **材料（直径15㎝丸型1個分）**

卵（Mサイズ）…2個
砂糖…80g
薄力粉…65g
バター…10g
牛乳…大さじ1 1/2

カスタードクリーム
卵黄（Mサイズ）…2個分
砂糖…25g
コーンスターチ…6g
薄力粉…6g
牛乳…160g
生クリーム…30g
粉糖…適量

■ **下準備**

スポンジケーキの作り方≫P.10
カスタードクリームの作り方≫P.13

■ **作り方**

1. スポンジケーキを作る（P.10参照）。
2. カスタードクリームを作る（P.13参照）。
3. スポンジケーキを半分の厚さにカットし、カスタードクリームを中央を盛るように山型にのせる。もう1枚のスポンジをのせ、ラップして両手でそっと押さえてドーム状に整える。
4. 冷蔵庫で30分～1時間おき、クリームとスポンジをなじませる。
5. 食べる直前に粉糖をかける。

# シュークリーム

大人も子どもも大好きな洋菓子の定番シュークリーム。シュー生地をきれいに仕上げるコツは、とにかく手際よく作ること。しっとりとしたシューに、濃厚なカスタードクリームをたっぷり入れてどうぞ。

## ■材料（6㎝大シュークリーム12個分）

シュー生地
- 薄力粉…75g
- バター…55g
- 水…60㎖
- 牛乳…60㎖
- 卵（Mサイズ）…2〜3個
- 食塩…1つまみ

カスタードクリーム
- 卵黄…3個分
- グラニュー糖…55g
- 牛乳…350㎖
- コーンスターチ…13g
- 薄力粉…13g
- 生クリーム…70㎖

## ■下準備

カスタードクリームの作り方≫P.13
- 薄力粉をふるっておく。
- 天板にクッキングシートを敷いておく。
- オーブンは200℃に予熱しておく。

## ■作り方

①カスタードクリームを作る（P.13参照）。

②シュー生地を作る。片手鍋に、水、牛乳、バター、塩を入れて弱火にかけ、バターが溶けたら強火にする。

③完全に沸騰したら火を止め、小麦粉を一気に加えヘラで手早く混ぜる。

④水分が吸収され、生地がひとかたまりにまとまるまで混ぜ続ける。

⑤再度、鍋を中火にかけ、生地を炒めるように、絶えず混ぜながら火を通す。

⑥鍋底に白い膜のようなものがついてくる状態になったら火を止める。

⑦⑥をボウルに移し、溶きほぐした卵を4回に分けて、都度ヘラで混ぜながら加える。4回目の卵は様子を見ながら少しずつ加え、生地の硬さを調整し、なめらかになるまでよく混ぜる。ヘラですくった時に三角状に垂れるくらいが目安。
※卵は一度に加えると混ざりにくいので注意

⑧⑦を丸口金をつけた絞り袋に入れ、天板に、間隔を開けながら、直径5〜6㎝に絞り出す。

⑨表面にツヤ出し用の卵（分量外）を指の腹でそっと塗り、角をつぶす。

⑩200℃に余熱したオーブンで約20分焼く。時間はおおよその目安、ふくらんだ割れ目にもしっかり焼き色がつくまで焼く。
※焼いている間はオーブンを開けないこと。

⑪焼きあがったらオーブンから出し、ケーキクーラーなどで冷ます。

⑫シューの半分より少し上から斜めに切り込みを入れる。

⑬絞り袋に入れたカスタードクリームを絞り込む（約40g）。

# ロックケーキ

自由学園の遠足は、毎年泊りがけで登山をします。遠足に持っていく軽食の1つが手作りのロックケーキ。ピーナッツのカリッとした食感とレーズンの甘さが、山に登る生徒を元気づけます。

■材料（20g30個分）

レーズン…120g
ピーナッツ…50g
薄力粉…220g
ベーキングパウダー…小さじ1/4
バター…60g
卵（Mサイズ）…1個
牛乳…大さじ1
砂糖…100g
塩…1つまみ

■下準備

- レーズンをぬるま湯につけてふやかしておく。
- ピーナッツを粗く刻んでおく。
- 薄力粉とベーキングパウダーをあわせてふるっておく。
- バターを室温で柔らかくしておく。
- オーブンを180℃に予熱しておく。
- 卵を溶き、牛乳とあわせて卵液を作る。

■作り方

① ボウルにバター、砂糖、塩を入れて泡立て器で擦り混ぜる。
② ①に卵液を少しずつ加えて混ぜる。
③ 粉類を加え、ヘラでさっくりと合わせる。
④ 水を切り、軽く絞ったレーズンとピーナッツを加えて混ぜ合わせる。
⑤ 水を入れた小さなコップを用意し、ティースプーンを水に濡らしながら15〜20gの生地をすくい、天板の上に置いていく。
※ロックケーキのロックは岩を意味するので、ごつごつしていてOK。
⑥ 180℃に予熱したオーブンで約15〜20分焼く。
※粗熱がとれたら、密封容器に入れて保存。約1か月日持ちする。

# 伝統のレシピを守って

## 始まりは雑穀の食べ方研究から

お持たせでも人気の、食事研究グループ（株式会社 自由学園サービス）のクッキー。自由学園女子部の卒業生が中心になって、19人が交替で毎日手作りしています。

食事研究グループは、終戦直後の1946年、女子部卒業生の10回生のクラス会で「子どもも大きくなってきたので、何か自分たちのためにもなり、まわりの役にも立つことをしたい」との声があがり、では「食」のことをと決まったのが始まりです。当時、主食は配給の雑穀ばかり。ヒエやアワ、トウモロコシ粉、脱脂大豆粉などをどうすればおいしく食べられるかの研究を始めました。工夫を重ねてできあがった「せんべいもどき」を男子部の寮でのお食後に提供したこともありました。

その後、徐々に物資が出回り始め、今に続くクッキー作りが始まりました。自由学園創立30周年の時には、クッキーを販売し、その売り上げを学園に寄付していました。これをきっかけに、学園関係者への販売が始まります。

## ひとつひとつ手作りで

その後、全国発送もできるようになって、一般の購入者も増え、徐々に今のクッキーの販売の形が整っていきました。レシピは昔からのものが受け継がれていて、家庭でも用意できる材料で作られているのが特徴です。

1号缶のクッキーの詰め合わせは、12種類のクッキーが仕切りなく美しく詰められています。

「型抜きクッキーは、一定の厚さに生地をのばして、ひとつひとつ型抜きしていくので、手がかかります。チーズバーは蝋引き加工されたエダムチーズを仕入れて、周りの蝋をむいてから切ってミキサーにかけたものを混ぜ込み、一本一本手でひねります。手はかかっても、やっぱりこのおいしさはレシピ通りにしないと出ないので、変えていません」とリーダーの高橋恵美さん（女子部61回生）。シンプルな材料で作るので、少しでも間違えるとすぐに味に出てわかると言います。

クッキー作りに携わる職員には製菓学校に通い研鑽を積む人もいます。協力しておいしい菓子を作り、多くの人に届けたい、という姿勢はしっかりと根付いています。

Data

**自由学園食事研究グループ**
〒203-0021 東京都東久留米市学園町1-8-33（しののめ茶寮内）
電話 042-422-3336 FAX 042-424-6222
https://www.jiyu.jp/Syuu/syoku/

# マーマレードケーキ

編み目模様がかわいいマーマレードケーキは、クッキー生地にマーマレードをたっぷりはさんで焼き上げます。自由学園ではマーマレードも学生が手作りしています。

■材料(直径20㎝正角デコレーション型1個分)

バター…65g
砂糖…85g
卵(Mサイズ)…1個
牛乳…大さじ1
薄力粉…190g
ベーキングパウダー…小さじ1/2
塩…1つまみ
マーマレード…190g

■下準備

- バターを室温に戻しておく。
- 薄力粉を165gと25gにわけておく。
- 薄力粉165gとベーキングパウダーをあわせてふるっておく。
- 卵を溶き、牛乳とあわせて卵液を作る。
- オーブンを180℃に予熱しておく。
- 型にクッキングペーパーをしいておく。

■作り方

① ボウルにバターを入れ、木ベラで擦り混ぜる。
② 砂糖を加えさらに混ぜ、なめらかになったら泡立て器に持ち替えて、卵液を少しずつ加え、なめらかになるまで混ぜる。
③ 粉類を加え木ベラで混ぜ、しっとりと合わさったらバットなどに移し、ラップをして1時間以上休ませる。
④ 休ませた生地のうち100gに、取り置いた薄力粉25gを手で混ぜ、均一な生地にする。
⑤ 残りの生地を20㎝×20㎝の大きさに伸ばし、型に入れマーマレードを全体にのせる。
⑥ ④の生地を15㎝×28㎝の大きさに伸ばし、縦長に幅1・5㎝幅に切る(1・5㎝×28㎝の帯状のものが10本できる)。
⑦ ⑤のジャムを塗った生地の上に⑥の帯状の生地を格子状に並べる。
⑧ 180℃に予熱したオーブンで約30分焼く。

# フルーツケーキ

フルーツケーキはクリスマスの定番。全校生徒が参加するクリスマス午餐会でいただきます。数種類のドライフルーツやスパイスを洋酒に漬け込むミンスミートも、学生が手作りしています。

■材料（16㎝パウンドケーキ型2本分）

バター…125g
砂糖…125g
卵（Mサイズ）…3個
薄力粉…140g
砂糖（卵白用）…50g
ドライフルーツ漬け…400g
ブランデー…大さじ2

■下準備

- 薄力粉をふるっておく。
- 卵を割って卵黄と卵白に分け、卵黄は室温に、卵白は冷やしておく。
- オーブンを170℃に予熱しておく。
- 型にクッキングペーパーを2重にしいておく。
- バターを室温で柔らかくしておく。

■作り方

①ボウルにバターを入れ、泡立て器でクリーム状に練る。
②砂糖を加え白っぽくなるまでよく混ぜる。
③卵黄を1個ずつ加え、よく擦り混ぜる。
④別のボウルに卵白を入れ、砂糖（卵白用）を数回に分けて入れ、都度、ハンドミキサーまたは泡立て器で混ぜメレンゲを作る。
⑤③に、薄力粉とメレンゲをそれぞれ半量加え、ヘラで切るように混ぜる。
⑥残りの薄力粉とメレンゲを加え、同じように切り混ぜる。
⑦ドライフルーツ漬けとブランデーを加え、さっくりと混ぜる。
⑧生地を2等分し、それぞれの型に流し入れ、中央にナイフで一筋切れ目を入れる。
⑨170℃に予熱したオーブンで約70分焼く。
※焼き上がりの目安は真ん中に竹串を刺し、生の生地がついてこない状態。

# ジンジャーケーキ

フレッシュなショウガと、ジンジャーパウダーを使い、ピリッと辛く大人の味に仕上げました。隠し味のはちみつがコクをプラス。

■材料（15㎝丸型1個分）

バター…90g
砂糖…90g
卵（Mサイズ）…1個
牛乳…大さじ1
はちみつ…大さじ2
ジンジャーパウダー…小さじ1
シナモンパウダー
…小さじ1/4
ショウガ…20g
A薄力粉…90g
ベーキングパウダー
…小さじ1/3
コーンスターチ…18g

カラメルソース
砂糖…20g
水…小さじ2
湯…大さじ1

■下準備

- Aを合わせてふるっておく。
- ショウガをすりおろす。
- オーブンを180℃に予熱しておく。
- 型にクッキングシートをしいておく（テフロン型は不要）。
- バターを室温で柔らかくしておく。
- 卵を室温に戻しておく。

■作り方

① カラメルソースを作る。小鍋に水と砂糖を入れ、火にかける。鍋を軽くゆすりながら熱し、濃い茶色になったら湯を加え、火を止める。
② ボウルにバターと砂糖入れて、泡立て器で白っぽくなるまで擦り混ぜる。
③ 溶いた卵と牛乳を分離しないように少しずつ加え、なめらかになるまで混ぜる。
④ ショウガとはちみつを入れて混ぜる。
⑤ ふるっておいた粉類（A）、ジンジャーパウダー、シナモンを加え、ヘラでさっくりと混ぜる。
⑥ 型に生地を流したあと、カラメルを渦巻き状にたらし、フォークなどでマーブル状に混ぜる。
⑦ 180℃に予熱したオーブンで約40分焼く。
※焼き上がりの目安は真ん中に竹串を刺し、生の生地がついてこない状態。

# プラムケーキ

清風寮（女子寮）で特別な日に出されていたケーキです。たっぷりのバターとコンデンスミルクが入ったケーキは濃厚な甘さながら、ついつい手が伸びるおいしさです。

■材料（16cmパウンドケーキ型2本分）

バター…60g
コンデンスミルク…150g
卵…1・5個
薄力粉…100g
ベーキングパウダー…小さじ1/2
ドライプルーン…16粒
紅茶のティーバッグ…1個

フィリング
バター…90g
グラニュー糖…100g

■下準備

- 卵を割って卵黄と卵白に分け、卵黄は室温に、卵白は冷やしておく。
- 薄力粉とベーキングパウダーをあわせてふるっておく。
- 生地用のバターは室温で柔らかくしておく。
- オーブンを140℃に予熱しておく。
- 型にクッキングペーパーをしいておく。

■作り方

① プルーンの紅茶煮を作る。プルーンと紅茶のティーバッグを小鍋に入れ熱湯を注ぎ、一煮立ちしたら冷ましておく。
② フィリングを作る。別の小鍋にフィリング用のバターとグラニュー糖を入れて煮溶かす。
※グラニュー糖は完全に溶けない。
③ 型に流し込み、プルーンを並べ（パウンドケーキ型1本につき8個）冷蔵庫で冷やす。
④ ボウルに生地用のバターとコンデンスミルクを入れ、泡立て器で少しふんわりとするくらいしっかり混ぜる。
⑤ 卵黄を加え、よくすり混ぜる。
⑥ 粉類を加え、練らないように混ぜる。
⑦ メレンゲを作り⑥の生地にムラがないようにさっくりと混ぜ合わせる。
⑧ 型を冷蔵庫から出し⑦を流しいれ、140℃に予熱したオーブンで30分、150℃に温度を上げ、生地にナイフで縦に2本切り込みを入れ20分焼く。
⑨ 焼きあがったあと、粗熱が取れたら型ごと逆さまにしてケーキをそっと取り出す。

# ショソン

リンゴがおいしい季節に作りたい、フランスの菓子パン・ショソン。サックリとしたパイ生地の中に、しっとりとしたリンゴのコンポートが入っています。バターの風味豊かな手作りのパイ生地には、紅玉などの酸味があるリンゴがぴったりです。

### ■材料（8個分）

パイ生地
- 薄力粉…125g
- 強力粉…125g
- 食塩…5g
- 冷水…125g
- バター…200g

フィリング
- リンゴ（紅玉）…2個（約370g）
- 砂糖…100g

### 下準備

**前日**
- ・パイ生地を仕込む（作り方①〜⑥まで）。

**当日**
- ・天板にクッキングシートを敷いておく。
- ・オーブンは190℃に予熱しておく。

### ■作り方

① バターを2cm角に切って冷やしておく。
② 薄力粉、強力粉、食塩をあわせてふるってボウルに入れ、冷蔵庫で冷やしておく。
③ 水を冷蔵庫で冷やしておく。
④ ②の中に、①のバターを加え、粉を和える（a）。
⑤ 分量の水を大さじ2程度残して加え、カード（スケッパー）で切り混ぜていく（b）。
※あまりにも乾いていたら、残りの水を加える。
⑥ 全体がしっとりしたらラップの上にあけ、大まかな四角形に整形し、冷蔵庫で一晩寝かせる（c）。

a　b　c

⑦フィリングを作る。リンゴはよく洗い皮を剥く（減農薬など皮を使えるものは皮は捨てずにとっておく）。

⑧縦に4つ切りにして、軸とタネの部分を取り除き、さらに縦半分に（8つ切り）にしたものを厚さ5㎜のいちょう切りにする。

⑨⑧を鍋に入れ上から砂糖をまぶし、15〜30分ほどおく（⑦の皮が使える場合は、鍋底に敷く）。

⑩約大さじ1（分量外）の水を入れ火にかける。

⑪弱火〜中火であまり時間をかけずにサッと煮上げる。

⑫バットなど平らなものに移して冷ましておく。

⑬打ち粉をした台に一晩寝かせたおいたパイ生地を出し、約横20㎝×縦50㎝に伸ばす。この時に伸す面にも打ち粉をする（d）。

⑭打ち粉が表面に残っている場合は払ってから、3つ折りにする（e）。

⑮生地を90度回転させ（折り目が両脇にくる）、同じように約横20㎝×縦50㎝に伸ばし、3つ折りにする。30分〜1時間以上冷蔵庫で休ませる。

⑯⑬〜⑮を2回繰り返す。

⑰冷蔵庫から出し、横24㎝×縦40㎝に伸ばす（厚みは約5㎜）。

⑱12㎝×10㎝の四角形が8枚取れるようにカット（g）。

⑲生地の上部にリンゴのフィリングを30〜40gずつスプーンでのせる。

⑳フィリングをのせた側の角2面に指で溶き卵（分量外）を塗る。

㉑載せていないほうの生地にナイフで3本斜めに切りめを入れる（h）。

㉒角をもって少し斜めにかぶせる。

㉓斜め四角ができたら、天板にのせ、閉じた辺をフォークで押さえ、すじをつける。

㉔表面に溶き卵(分量外)を塗る（i）。

㉕190℃に余熱したオーブンで10分、天板を返してさらに10分、様子を見てプラス5分焼く。しっかり焼き色をつけた方がさっくり仕上がる。

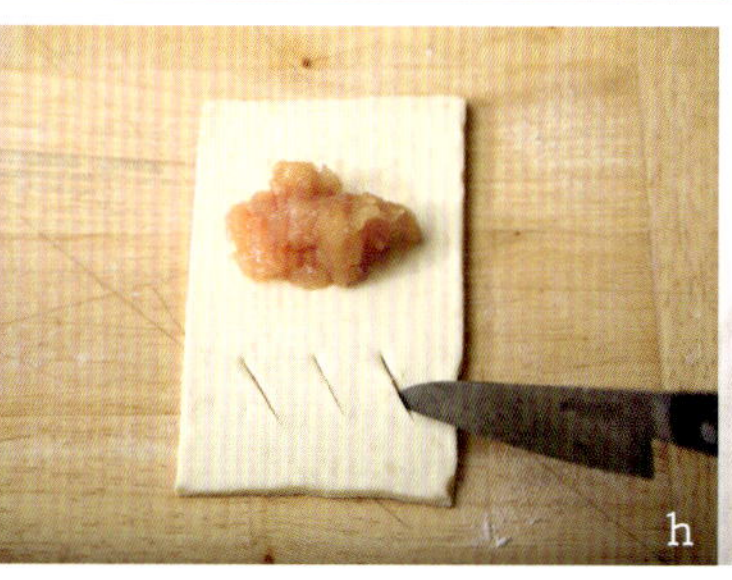

## 男子も自分たちで食事作り

# 楽しく、段取りよく

### 300人分を2時間で

1999年から、男子部でも昼食づくりの授業が始まっています。

「ジャガイモの芽とりがたいへんでした。皮むきは機械でするけれど、芽とりは一個一個包丁でするからなかなか終わらなくって」

粉吹き芋の調理を担当する生徒はにこにこしながら話します。この日は自由学園の関連団体・全国友の会（『婦人之友』読者の会）の会員約1000人が学園を訪れ、生徒が昼食のおもてなしをする日です。男子部の生徒は、午前中の2時間ほどで300人分のお食事を準備しました。献立はパン、鶏肉のロベール風、粉吹き芋、サラダ、二色ゼリーです。

台所ではサラダ担当の生徒が「トマトの切り方ってこうだよね？」と友人と確認。和気あいあいとした雰囲気の中で、それぞれが担当の場所で楽しそうに働いています。お食後担当の生徒は「二色ゼリーは、上の層を型に入れるとき、下の層と混ざらないようにそっと注ぐんです」とコツを教えてくれました。すべての料理ができあがると、皿に盛り付け、テーブルへ運びセッティング。そして生徒は制服に着替え、リラックスした表情で訪問客を迎えました。

1 皿を並べて盛り付け。分量を均等に、美しく盛り付けます。
2 テーブルセッティング。ナイフ、フォークもまっすぐに。
3 男子部食堂で。制服に着替えて訪問客を迎える準備。
4 「大変だけど楽しかったです」と今日のお料理リーダーたち。

### 料理を経験すれば、食事を残さない

男子部の昼食作りの取り組みでは、高等科2年生が週1回、家庭科の授業として料理をしています。家庭科教諭の石田恵理先生は、「教師は安全面、衛生面などに気を配りつつ、生徒自身が考えて動けるように見守ることを心がけています。料理を始めたばかりの4月と、年度終わりの3月を比べると、段取りよくてきぱきと動けるようになっていますね」と話します。

ふだんの料理の授業は、例えば6月は「炒め物」と、カリキュラムが決まっているので、リーダーは炒め物のレシピの中から主菜を選び、献立を立てるところから準備を始めます。この授業では毎回お食後がつくので、ほかの学年もこの日を楽しみにしています。

料理を経験した生徒は「今までは出されていたものを当たり前に食べていたけれど、料理をしてこんなにたいへんだと初めて知った。みんなも料理をすれば、お食事を残さないはず」と話すそう。料理を通して、自然と感謝の気持ちが育まれています。

# “食”にまつわる仕事に就いた卒業生

やきがしやSUSUCRE
オーナーシェフ
下永恵美さん
（女子部72回生）

大きなアメのような「ぐるぐる」をはじめ、人気のクッキーがずらり。どれにしようか迷う楽しみも。

## 「今日のおやつ」を選べるお店に

### 素材はシンプルに

東京・三軒茶屋の住宅街で、焼き菓子専門店を開いています。自由学園の最高学部を卒業したあとに、専門学校で学び、いくつかの製菓店で15年間働きました。経験を積む中で、だんだんと「自分だったらこうしたい」と思いはじめたこともあって、独立しました。

住宅街にあるお店に子どもがきて「今日のおやつ」を買っていくようなイメージでお店を作りました。今は70～80種類の焼き菓子を、家庭でも揃えられるシンプルな材料で作っています。

たくさんの種類を作るのが苦にならないのは、学園でのお食後作りの経験もあるかもしれません。お菓子ではないけれど、家でイワシの手開きをしているときに、ふと「学園で600匹開いたな」と思い出したりもして――。技術的なことでも役立っていることがありますね。

修業時代はショートケーキで有名なお店でも働いていたこともあり、独立当初は、「どうして生菓子をお店におかないの？」と聞かれることもありました。

でも、作るのも食べるのも焼き菓子のほうが好きで。卵とバターと砂糖と小麦粉。この材料さえあればクッキーもできるしスポンジもできるおもしろさがありますよね。

### 焼き菓子はその人なりの味になる

お店の看板や袋のイラストは、「ぐりとぐら」シリーズで有名な山脇百合子さんにお願いして描いていただきました。お嬢さんと私が、学園で同級生だったこともあり、「自分がもしお店をすることになったら、イラストをお願いしたい」と思っていました。独立することになって、山脇さんにお願いに行ったら快く引き受けてくださって。この絵を見て、お店に来てくださるお客様もいて、本当に感謝しています。

時々、「同じお菓子を家でも作れますか？」と聞かれます。シンプルな材料を基本にしているので、「もちろんです」と答えますが、材料が同じであっても、きっとその人その人の味が出ると思います。

家では子どもとお菓子作りをしますが、母親と作って楽しかったことも、お菓子の味と一緒に思い出になるのかなと思っています。ここ数年は子育てと並行してお店をしてきたので、そろそろ新商品を作っていきたいですね。細く長くではないけれど、これからもずっと作り続けていきたいと思っています。

店内はオープンキッチンなので、作り手をより身近に感じられます。

Data

**やきがしや　SUSUCRE**
〒154-0002　東京都世田谷区下馬2-2-18-B1
http://www.susucre.com/index.html
定休日／水・木曜

# ストロベリーゼリー

材料も作り方もとてもシンプルな、かわいらしいゼリー。旬のイチゴをたっぷり入れて、お好みのカップで作ってください。

■**材料（4人分）**

イチゴ…8～12粒
アガー…大さじ1 1/2
砂糖…50g
水…300㎖
レモン汁…小さじ1 1/2

■**作り方**

①アガーと砂糖をよく混ぜる。
②鍋に水を入れて沸騰したら火を止め、①を入れて溶けるまで泡立て器でよく混ぜる。
③②の粗熱がとれたらレモン汁を混ぜ入れ、器に流し入れる。
④固まりはじめたら、好みの大きさに切ったイチゴをそっと埋め込み冷蔵庫で冷やし固める。

# ぶどうゼリー

自由学園では手作りのジュースで作りますが、家庭でも作りやすいように、ブドウジュースを使ったレシピにアレンジ。

■**材料（4人分）**

ブドウジュース（果汁100％）…400㎖

アガー…大さじ2

砂糖…大さじ2

■**作り方**

① アガーと砂糖をよく混ぜる。

② 鍋にブドウジュースを入れて火にかけ煮立つ寸前で火を止め、①を入れて溶けるまで泡立て器でよく混ぜる。

③ 器に流し入れて、冷蔵庫で冷やし固める。

※自由学園では、ブドウジュースから手作りしています。

※使用するジュースにより固まり方が異なるので、アガーの量を調整してください。

# ペパーミントゼリー

スッキリしたミントと甘いバナナは意外な組み合わせですが、くせになる味。卒業生が集まると、話題にのぼるお食後の1つ。

■材料（4人分）
ペパーミントリキュール…大さじ1
水…300㎖
バナナ…大1/2本
アガー…大さじ1 1/2
砂糖…50g

■作り方
①アガーと砂糖をよく混ぜる。
②鍋に水を入れて沸騰したら火を止め、①を入れて溶けるまで泡立て器でよく混ぜる。
③ペパーミントリキュールを加えて混ぜ、粗熱が取れたら器に流し入れる。
④固まりはじめたら、5㎜の厚さに切ったバナナをそっと埋め込み、冷蔵庫で冷やし固める。

# チョコレートババロア

ほろ苦いチョコレートババロアは、ホイップクリームがふんわりとした食感を生み出します。お菓子作り初心者の方にも作りやすいレシピです。

**■材料(4人分)**

卵黄(Mサイズ)…2個分
砂糖…50g
ココア…大さじ2
牛乳…200㎖
生クリーム…100㎖
バニラエッセンス…少々
ゼラチン…大さじ1
水…大さじ3

**■下準備**

・水にゼラチンを入れてふやかしておく(A)。
・生クリームを6分立てにする(B)。

A
B

**■作り方**

① ボウルに卵黄と砂糖を入れ、泡立て器でよく混ぜ合わせる(a)。
② なめらかになったらココアを入れ、だまができないように混ぜる(b)。
③ 鍋に牛乳を入れて火にかけ、鍋の周りがフツフツしてきたら火を止め、ふやかしておいたゼラチンを入れ、溶けるまでヘラで混ぜる(c)。
④ ゼラチンが完全に溶けたら、②のボウルに入れ、バニラエッセンスを入れて混ぜる(d)。
⑤ ④のボウルに氷水をあてながら混ぜ、とろみがついてきたら生クリームを加えてゴムベラで混ぜる(e)。
⑥ 容器に流し入れ、冷蔵庫で冷やして固める。

a

b

c

d

e

# ピーチババロア

やさしい甘さと、きれいなオレンジ色が特徴のババロア。きざんだ黄桃が味のアクセントになります。

■**材料(4人分)**
黄桃(缶)…150g
卵黄…2個分
砂糖…50g
牛乳…200mℓ
生クリーム…100mℓ
バニラエッセンス…少々
ゼラチン…大さじ1
水…大さじ3

■**下準備**
・水にゼラチンを入れてふやかしておく。
・生クリームを6分立てにする。

■**作り方**
①黄桃を1cm角のさいの目に切る。
②ボウルに卵黄と砂糖を入れ、泡立て器でよく混ぜ合わせる。
③鍋に牛乳を入れて火にかけ、鍋の周りがフツフツしてきたら火を止め、ふやかしたゼラチンを入、れ溶けるまでヘラで混ぜる。
④ゼラチンが完全に溶けたら、②のボウルに入れ、バニラエッセンスを入れて混ぜる。
⑤④のボウルを氷水にあてながら混ぜ、とろみがついてきたら生クリームと黄桃を加えてゴムベラで混ぜる。
⑥容器に流し入れ冷蔵庫で冷やし固める。

# 煮リンゴ

紅玉を見つけたら、ぜひ作ってほしいお食後のひとつです。皮を一緒に煮ることできれいなピンク色になります。

■**材料（4人分）**

リンゴ（紅玉）…2個（1個約150g）
砂糖…60g
水…350cc
生クリーム…50ml

■**作り方**

①リンゴは皮を剥いて横半分に切り、ティースプーンなどで芯をくり抜く。
※皮は捨てない。
②剥いた皮を鍋に敷き、リンゴを入れ砂糖をかけ、15分ほどおく。
③②に水を加え中火で5分ほど煮る。
④ゴムベラなどでリンゴをそっと返し、さらに5分ほど煮てリンゴが透き通ってきたら火を止め粗熱を取る。
⑤粗熱が取れたらシロップごとタッパーなどに移し、冷蔵庫で一晩おく。
⑥7分立てのホイップクリームを作る（P.12参照）。
⑦リンゴの中心を上にして器に入れ、シロップをリンゴのまわりにかける。
⑧芯をくりぬいたくぼみに、ホイップクリームをスプーンでそっとのせる。

# ヨーグルトケーキ

1学期の遠足の時期には、ふだんお料理の授業がない上級生が特別にお食事を作ってくれました。その時に食べた思い出の味。レアチーズケーキに似た甘さ控えめのケーキです。

■ **材料(直径18cmのパイ皿1個分)**

ヨーグルト…400g
生クリーム…100㎖
砂糖…80g
粉ゼラチン…大さじ2
水…100㎖
レモン汁…大さじ1
クラッカー…60g
バター…60g

■ **下準備**

・水にゼラチンを入れてふやかしておく。

■ **作り方**

① クラッカーを細かく砕き、溶かしバターを混ぜ合わせる(a)。
② ラップを敷いた型に入れ、スプーンの背などで平らにのばし、冷蔵庫で冷やす。
③ ボウルに生クリーム、ヨーグルト、砂糖、レモン汁を入れなめらかになるまで泡立て器で混ぜ合わせる。
④ ふやかしたゼラチンを器ごと湯せんにして溶かす
⑤ ③に④を加え、氷水にあてながら混ぜ、とろみが出たら②に流し入れて冷蔵庫で冷やし固める(b)。

a b

# フローズンヨーグルト

ヨーグルトなどの材料を混ぜ、型に入れて冷やすだけ。朝お子さんと一緒に作れば、おやつの時間には食べられます。

■**材料（4人分）**

ヨーグルト…400g
生クリーム…100mℓ
シロップ
　砂糖…50g
　水…50mℓ

■**下準備**

・砂糖と水を鍋に入れ、弱火で煮溶かしシロップを作り粗熱をとる。

■**作り方**

① 生クリームをヨーグルトと同じ固さに泡立てる。
② ヨーグルトにシロップを入れて泡立て器で混ぜる。
③ ①を加え、なめらかになるまでさらに混ぜる。
④ 密閉容器に流し入れ、冷凍庫で冷やし固める。

# フルーツポンチ

昭和6年の献立にも登場したお食後。好みでシロップをサイダーに替えるのもおすすめです。

■材料(4人分)

リンゴ…1/2個
キウイフルーツ…1個
黄桃…小1缶
バナナ…1本
イチゴ…4粒
粉寒天…2g
水…250mℓ
シロップ
砂糖…大さじ5
水…200mℓ

■下準備

・砂糖と水を鍋に入れ、弱火で煮溶かしシロップを作る。粗熱が取れたら冷蔵庫で冷やしておく。

■作り方

① 鍋に水と粉寒天を入れ、ヘラで混ぜながら中火にかける。
② 沸騰したら弱火にして更に2~3分混ぜ、火を止める。
③ バットに流し入れ冷蔵庫で冷やし、完全に固まったら1cm角に切る。
④ 果物を食べやすい大きさに切り、寒天と盛り付けシロップをかける。

ジャムやジュースは「食グループ」の手作り

# 桜餅の葉は、学校の桜から

## 収穫から加工まで

自由学園では、最高学部（大学部）のカリキュラムの一環として、食について学びを深める「食グループ」があります。実習がメインで、学園内で育てた果物や野菜などの収穫物を使って、全校のお食事で出されるジャムや漬物などの保存食を作っています。

食グループが作る保存食は多彩で、季節ごとに旬のものを使います。春には、桜餅を作るために学園内の桜の葉を摘んで塩漬けにします。ほかにも梅干しを漬けたり、ナツミカンやユズを使ってジャムやジュースを作ったりします。春の定番メニューの筍ごはんのために、竹林に分け入ってタケノコを収穫することもあります。そうした保存食の材料を収穫する時は、学園内の庭の管理を担当している「庭園・自然環境グループ」のメンバーと協力しています。

「マーマレードジャムを作っているとき、切っても切っても減らないナツミカンの皮を前に、なんでこんなにたいへんなの？　と思ったんです。でも、自分たちが作ったジャムを食べた人から〝おいしい〟と直接言ってもらえた時、作ってよかった、と思えました」と、3年の須山琴美さんは話します。収穫から始めて加工まで、食グループの活動は、ふだん食べているものが、どのような工程を経て作られているかを知れる貴重な機会になっています。

1 収穫した桜の葉を塩漬けに。破れないよう、丁寧に扱います。
2 リンゴジャム作り。
3 梅シロップの仕込み。卒業式後のお茶の会でも使われます。
4 校内のタケノコを収穫して茹でたものは、昼食の食材に。

## 社会への発信も

近年は、食を通じた地域貢献にも力を入れています。そのひとつに、地場の食材を使ったレシピ開発があります。学園がある東久留米で伝統的に作られている柳久保小麦や、東日本大震災の支援活動で交流がある宮城県十三浜のワカメなどを使って、パンのレシピを開発しました。このレシピをもとにして、商品化やイベントなどでの販売の経験もしています。

２０１６年にはアグリフェスタという催しもので、２０１７年には高島屋百貨店の催事で、開発した商品を販売し、自分たちの食の取り組みも紹介しました。昼食のジャムやジュース作りといった身近なことから、地域づくりに広がるような活動まで、幅広い取り組みをしています。学生はこうした活動を通して、社会とのつながりも実感しています。

右からいちごジャム、マーマレードジャム、ぶどうジャム。レシピではいちごジャムの作り方を紹介

# いちごジャム

■ **材料（作りやすい分量）**

イチゴ…2パック（約600g）
砂糖…イチゴの分量に対して50%
レモン汁…大さじ1

■ **下準備**

・イチゴはヘタがついたままよく洗い、水気を切ってへたを包丁で落とし、重さを計る。
・イチゴの分量に対して50%の量の砂糖を用意する。
・保存用の瓶と蓋を煮沸しておく（耐熱性のあるもの）。

■ **作り方**

① 鍋にイチゴを入れて砂糖をまぶし、イチゴから水分が出るまで置いておく。
② イチゴから水分が出たら鍋底から木べラで混ぜながら中火にかける。
※焦がさないように注意。
③ あくが出てきたら都度、しっかり取る。
④ イチゴがくたっとしたらレモン汁を加え、さらにゆっくりと混ぜる。
⑤ さらに煮詰め、あくが出なくなり好みの固さになったら火を止める。
※煮詰める時間は30分程度。
⑥ ジャムが熱いうちに煮沸した瓶に入れ、蓋をしっかりし、逆さまにして粗熱が取れたら冷蔵庫で保存する。
※開封後はなるべく早めに食べきる。

右から赤しそジュース、夏みかんジュース、ぶどうジュース。レシピでは赤しそジュースの作り方を紹介

# 赤しそジュース

**■材料（作りやすい分量）**

赤しそ…150g
水…500ml
砂糖…300g
酢…110ml

**■下準備**

・赤しそは枝から葉を摘み、よく水洗いをしたら水気を切る。

**■作り方**

①大き目の鍋に水を注ぎ、沸騰したら赤しそを入れて5分煮出す。
②ボウルにキッチンペーパーをしいたザルを重ね、①を漉す。
③②を鍋に戻し、砂糖を入れて再度火にかけ、砂糖を煮溶かす。
④砂糖が溶けたら火を止め、酢を加えてひと混ぜし、粗熱を取る。
⑤できあがったシロップは冷蔵庫で冷やし、飲むときは1・5～2倍の水や炭酸水で割る。
※長期保存する場合は煮沸した瓶に入れ、密封して冷蔵庫で保存する。

# 和菓子編

# 粒あんの作り方

粒あんは、小豆があれば家庭でも手軽に作れます。まんじゅうやお汁粉に、好みの甘さに仕上げて楽しんでみては。

■材料（作りやすい分量）
小豆…200g
砂糖…150〜200g
（好みで調整）
塩…小さじ1/4

■下準備
・薄力粉とコーンスターチを合わせてふるっておく

■作り方

① 小豆を水洗いし、かさの3倍くらいの水と鍋に入れ強火にかける。

② 沸騰したら1カップ程度のさし水をして、約10分煮る。

③ 小豆をざるにあげ煮汁を捨てる。

④ 小豆を鍋に戻し水3カップを入れ、鍋の大きさに切ったクッキングシートでおとしぶたをして強火にかける。

⑤ 沸騰したら弱火にし、小豆が柔らかくなるまで煮る。途中、水分が少なくなってきたら湯を足す（常に豆が汁に浸かっている状態にする）。

⑥ 指でつぶせるくらいの柔らかさになったらおとしぶたをとり、砂糖を入れ、ヘラで混ぜながら好みの固さになるまで水分をとばしながら煮る。

⑦ 仕上げに塩を入れる。

# おはぎ

秋になると思い出すのは、約600人分のおはぎをひとつひとつ手作りしたことです。粒あんは大きな鍋で、みんなで交代で混ぜながら作ります。

## あずきおはぎ

■**材料(10個分)**

もち米…1合
水…180mℓ
粒あん…450g

■**下準備**

粒あんの作り方≫P.58
・粒あんを10等分にして丸める(A)。
・塩水(分量外)を用意する。

A

■**作り方**

①炊飯器に洗ったもち米と水を入れ15分ほど浸水し、通常通りに炊く。
②炊き上がったら熱いうちに、塩水で先をぬらしたすりこぎで米粒が半分残る程度につく(a)。
③②を10等分に丸める(b)。
④乾いたふきんの上にあんを広げ、中央に丸めたもちをのせてふきんを使ってつつむ(c・d)。

## きなこおはぎ

■**材料(6個分)**

もち米…1合
水…180mℓ
粒あん…90g
きなこ…30g
砂糖…大さじ1
塩…少々

■**下準備**

粒あんの作り方≫P.58
・粒あんを6等分にして丸める。
・塩水を準備する。

■**作り方**

①あずきおはぎと同様の手順で①~②まで作る。
②手に塩水をつけ、もち米を平らにのばし、粒あんをのせてつつむ(e)。
③バットにきなこと砂糖と塩を入れて混ぜ、②の全体にまぶす(f)。

a

b

c

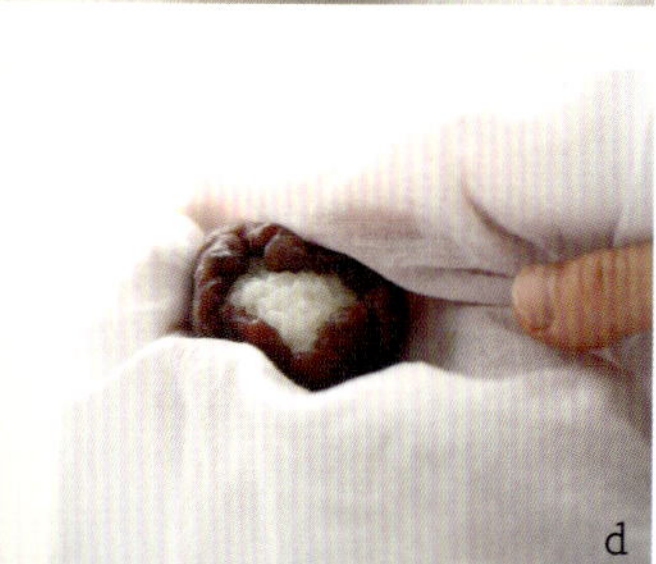
d

e

f

# 椿餅（つばきもち）

自由学園のキャンパスには様々な植物が植えられています。3月に作る椿餅には学園内の椿の葉を使います。約1200枚の葉を一枚いちまい丁寧に洗った思い出も。

■ **材料（8個分）**

粒あん…200g
もち米…1カップ
水…200㎖強
砂糖…大さじ1
塩…ひとつまみ
椿の葉…16枚

■ **下準備**

粒あんの作り方≫P.58

- 粒あんを8等分にして丸める。
- 椿の葉を水洗いし、水気をしっかり拭く。

■ **作り方**

① 炊飯器に、よく洗ったもち米と水、砂糖、塩を入れ15分ほど浸水し、通常通りに炊く。
② 炊き上がったもち米をヘラで少し混ぜてから8等分する。
③ 固く絞ったぬれ布巾の上に②を広げ、中央に丸めた粒あんをのせ、ふきんを使いつつむ。
④ 椿の葉ではさむ。

# うぐいす餅

自由学園ではうぐいす餅のぎゅうひは蒸し器で作ります。このレシピでは、家庭でも作りやすいようにアレンジしました。きなこは青きなこを使いました。電子レンジを使った作り方にアレンジしました。きなこは青きなこを使います。

■ 材料（8個分）

こしあん…200g
白玉粉…100g
水…160㎖
砂糖…60g
青きな粉…適量

■ 下準備

・こしあんを8等分にして丸める。

■ 作り方

①耐熱ボウルに白玉粉を入れ、水を2/3加え、泡立て器でなめらかになるまで混ぜる（a）。

②残りの水も加えて混ぜ、なめらかになったら砂糖も加えて混ぜる（b）。

③②のボウルにふんわりとラップをかけ、電子レンジで加熱する（500Wの場合は4分、600Wの場合は3分半）。

④一度取り出してひと混ぜし、再度ラップをかけて電子レンジで加熱する（500Wの場合は2分、600Wの場合は1分半）（c）。

⑤④の表面がなめらかになるまですりこぎでよく混ぜる（d）。

⑥青きな粉を入れたバットに5を取り出し、スケッパー（または包丁など）で長方形に整えて8等分に分ける（e）。

⑦手粉（きな粉）をつけた手に6の生地をのせ、その上にあんをのせて少しずつ手を回すようにしながらあんを包み込み、閉じ目が下になるように形を整える（f）。

⑧仕上げに茶こしで青きな粉を振りかける。

# 柏餅

毎年、学園で収穫する筍で作る筍ごはんの献立のお食後は柏餅でした。子どもの日には、ぜひお子さんと一緒に手間ひまかけて作ってほしい一品です。

**■材料（8個分）**

こしあん…240g
上新粉…150g
熱湯…200㎖
片栗粉…大さじ1
白玉粉…大さじ1
水…大さじ1 1/2
柏の葉…8枚

**■下準備**

- こしあんを8等分にして丸める
- 蒸し器の準備をする

**■作り方**

① 耐熱ボウルに上新粉を入れ、熱湯を注ぎ箸で混ぜ、粗熱がとれたら手でこねる。
② 別のボウルに片栗粉、白玉粉、水を合わせ入れ、なめらかになるまで混ぜる。
③ ①、②を合わせ、耳たぶくらいの柔らかさになるまでこねる。
④ ③の生地を4等分の円盤状にして蒸し器に並べる。
⑤ 蒸気の上がった蒸し器に濡れ布巾を敷き、④を入れ透き通るまで約8分強火で蒸す。
⑥ ⑤を布巾ごと取り出し、冷水にさっとつけて粗熱をとる。
※冷ましすぎると固くなるので注意する。
⑦ ⑥の水気をきってボールにあけ、熱いうちはすりこぎに水をつけながらつき、粗熱が取れたら手水を使いながらなめらかになるまでこねる。
⑧ ⑦を棒状にまとめて8等分し、それぞれ6×9㎝くらいの楕円形に伸ばす。
⑨ あんをのせ、半分に折って閉じ、柏の葉でつつむ。
※葉の表を内側にする。

# 桜餅

自由学園では、学校の桜の木から収穫した葉を塩漬けし、桜餅に使います。春、美しく咲く花を楽しんだ後は、お食後で桜の香りを楽しみます。

**■材料（10個分）**

こしあん…300g
薄力粉…90g
白玉粉…小さじ1 1/2
水…120ml
砂糖…60g
食用色素（赤）…少々
サラダ油…適量
桜の葉の塩漬け…10枚

**■下準備**

・こしあんを10等分にして丸める。
・桜の葉の塩漬けはさっと水洗いし、水に10分ほど浸けて塩抜きする。水気をふきとり、茎、硬い軸を切る。

**■作り方**

① ボウルに白玉粉を入れ少量の水でよく溶き、だまがなくなったら残りの水と砂糖を加えてなめらかになるまで泡立て器で混ぜる。
② 薄力粉を入れてさらに混ぜる。※天ぷらの衣より少しゆるめが目安（a）。
③ 食用色素を少量の水（分量外）で溶いたものを少しずつ加え桜色にする（b）。
④ 弱火にかけたフライパンやホットプレート（150℃）で②の生地を大さじ1程度流し、6×13cmの楕円形にのばす。表面がかわいてきたら裏返し、さっと火を通す（c）。
⑤ ④にあんをのせて巻く（d）。
⑥ 桜の葉の葉脈が外側になるようにし、茎に近い方が閉じ目になるようにくるむ。

a

b

c

d

# あん巻き

自由学園では大きな銅板で一枚いちまい皮を焼き、あんをくるりと包みました。子どもから大人まで、みんなが好きな素朴な味です。

■**材料（8個分）**

こしあん…160g
薄力粉…50g
ベーキングパウダー…小さじ1/4
牛乳…大さじ2
卵（Mサイズ）…1個
砂糖…40g

■**下準備**

・こしあんを8等分にして丸める

■**作り方**

①ボウルに卵を割りほぐし、砂糖と牛乳を加えて泡立て器で混ぜる。
②薄力粉とベーキングパウダーを合わせてふるい入れ、さらに混ぜる。
③弱火にかけたフライパンかホットプレート（180℃）に薄くサラダ油をぬり（分量外）、②を13×7㎝程度の楕円形にのばして焼く。
④表面に気泡ができたら裏返し10秒程度焼く。
⑤あんをのせてまく。

卒業式・お茶の会

# 手作りの卒業式

## みんなで卒業生を送り出す

自由学園では、最高学部（大学部）の卒業式が3月におこなわれます。この日のために、最高学部の在校生だけでなく、女子部と男子部の中等科・高等科の生徒も協力して、全校で準備をします。中等科・高等科の生徒にとって、卒業式はともに生活をつくってきた上級生を送り出す大切な日です。

好天に恵まれた2019年3月21日、第97回卒業式がおこなわれました。受付や講堂で、参加者の案内や荷物の預かりなどを担当するのは最高学部の在校生です。滞りなく式が執りおこなわれるように、連絡や誘導も係の生徒がします。女子の卒業生の胸には、感謝の気持ちを込めて女子部の高等科2年生がコサージュをつけます。そして全校生徒が見守る中、卒業式がはじまりました。

## 食堂での最後のひととき

式を終えると、卒業生と保護者・来賓は女子部食堂でのお茶の会へ招かれます。

1 お茶の会の食卓。テーブルセットも学生が中心になり考えます。
2 テーブルクロスをかけたら、軽食を並べます。
3 卒業生を囲んでのお茶の会。なごやかな時間が流れます。
4 テーブルに飾られる花も、校内で学生が育てたものです。

毎日、全員でそろってお昼のお食事をいただいた食堂。大切な思い出がつまった場所で、軽食とお茶を楽しみながら歓談のひとときを過ごします。このお茶の会も、学園での最後の時間を楽しく過ごしてほしい、そうした願いを込めて在校生が準備をします。

テーブルに並ぶサンドイッチやケーキは、女子部高等科3年生と最高学部生、そして学園にあるパン工房が協力して作りました。グラスに注がれたジュースは、最高学部の学生からなる「食グループ」が作った梅シロップやぶどうジュースが使われます。

会場づくりも在校生がおこないます。食堂を華やかに飾る花は、学生が学園の庭で育てたもの。卒業生のテーブルを中心にして、保護者や来賓がつく椅子やサイドテーブルがセッティングされます。そのテーブルにかけられたクロスには、生徒による刺繍がほどこされています。いたるところに、卒業生への感謝の気持ちが込められています。

そうして整えられた食堂で、保護者や来賓から卒業生へとあたたかい祝福の言葉が送られます。光が差し込むひだまりの中で、なごやかな時間が流れます。

学校で、寮で、長くお世話になった上級生を在校生みんなであたたかく送り出す。自由学園の卒業式は、学年を超えて暮らしをともにつくった仲間を送る、特別な式です。

食を支えるパン工房

# パン工房がある学校

## 毎日焼きたて

自由学園の校内には、60年以上の歴史を持つパン工房があります。生徒のお食事や寮で食べられるパンは、すべてこの工房で作られます。早い時では早朝3時から、3人の職人が約1000個ものパンを作ります。

「決まった時間に同じ種類のパンを数百個届けたりと、ふつうのお店と違う部分もありますね。食パンであれば、スライスした状態で納品するなど、食べやすいようにしています」

と、主任の平野雅久さん。毎日変わる気温や湿度のことを考えて、同じ品質のパンを作ることを心がけていると言います。こうした職人たちの働きによって、自由学園では毎日焼きたてのパンをいただくことができます。

日々のパン作りだけでなく、行事の際には一般販売のために3000個のパンを焼くなどパン工房は大忙し。それでも、生徒の希望をもとにナンを焼いたり、育ちざかりの男子生徒のためにカツカレーパンを開発したりと、常にレシピを見直して新しいパンを生み出しています。

1 生地の計量はまさに職人技。すばやく、正確に計ります。
2 毎日一定の焼き加減になるように、気を配ります。
3 朝は時間との勝負。笑顔とチームワークで作業は確実に。
4 焼きあがった食パン。スライスされて、各部の食卓に並びます。

## おなか一杯食べさせたい

創立者の羽仁もと子・吉一夫妻は、戦後、「子どもたちにおなか一杯食べさせたい」という思いから、1955年にパン工房の前身となるパン工場を作りました。当時は米よりも小麦粉のほうが手に入りやすい時代でした。羽仁夫妻は、農村の未来を担う人材を育成するために当時開いていた「農学塾」の卒業生に、パン修行を依頼します。そして、京都の老舗ベーカリーショップ・進々堂でパン作りの技術を学んだ卒業生が、学園内でパン工場を始めました。

「学校がパン工房を持っているというのはめずらしいことですね。東日本大震災の時、どこのお店にもパンがなかったのに、学校では途絶えずにパンがいただけたのは、パン工房があったからです。毎日変わらず、焼きたてのパンをいただけるなんて、本当に幸せなことです」

と、学園の食材の調達などを担う食糧部部長の石川章代さん（女子部53回生）。

自由学園の生徒たちはこのパンとともに育ってきました。パン工房は学園の暮らしをつくりあげる、かけがえのない存在です。

# 利休まんじゅう

どこか懐かしさを感じる利休まんじゅう。難しいと思われがちですが、実は家庭でも作れます。お茶うけにどうぞ。

**■材料（10個分）**

黒砂糖…75g
水…大さじ2 1/2
薄力粉…100g
重曹…小さじ1/2
水…小さじ1/2
粒あん…250g
片栗粉（打ち粉）…少々

**■下準備**

粒あんの作り方≫P.58
・粒あんを10等分にして丸める。
・薄力粉をふるう。
・バットに片栗粉（打ち粉）をまんべんなくふる。
・蒸し器の準備をする。
※この時点で蒸し器にクッキングペーパーを敷いておく。

**■作り方**

①鍋に黒砂糖と水を入れ、ヘラで混ぜながら中火にかけ、溶けたら火を止める（a）。
②水で溶いた重曹を加える。
③薄力粉を加え、ヘラでひとまとまりにする（b）。
④バットに③を置いて、形を整えてから10等分する（c）。
⑤手のひらに④を広げてあんをのせ包む（d）。
⑥蒸気のあがった蒸し器に⑤を間隔をあけて並べ、強火で8分蒸す。

a b c

d

# 柚子まんじゅう

柚子まんじゅうには生のユズをすりおろして入れます。蒸し器を開けた途端にふわっと広がるユズの香りは格別です。

■ **材料（10個分）**

粒あん…250g
ユズ…小1個
薄力粉…100g
砂糖…60g
水…40mℓ
重曹…小さじ1/2
水…小さじ1/2
片栗粉…適量

■ **下準備**

粒あんの作り方≫P.58
・粒あんを10等分にして丸める。
・薄力粉をふるう。
・ユズの皮をおろす。
・バットに片栗粉（打ち粉）をまんべんなくふる。
・蒸し器の準備をする。
※この時点で蒸し器にクッキングペーパーを敷いておく

■ **作り方**

① 鍋に砂糖と水を入れ、ヘラで混ぜながら中火にかけ、溶けたら火を止める。
② 水で溶いた重曹を加える。
③ 薄力粉とユズの皮を加え、ヘラでひとまとまりにする。
④ バットに置いて形を整えてから10等分する。
⑤ 手のひらに④を広げてあんをのせ包む。
⑥ 蒸気のあがった蒸し器に⑤を間隔をあけて並べ、強火で8分蒸す。

# くるみまんじゅう

さっくりしたクッキー生地の中には、しっとりとしたこしあんが詰まっています。上に大きなクルミをあしらい、オーブンで焼き上げるまんじゅうです。

■材料（12個分）

薄力粉…150g
強力粉…50g
バター…50g
卵（Mサイズ）…1個
ベーキングパウダー…小さじ1
砂糖…120g
クルミ…12g
粒あん…300g

■下準備

・粒あんを12等分にして丸める。
・薄力粉、強力粉とベーキングパウダーをあわせてふるっておく。
・バターは室温で柔らかくしておく。
・オーブンは170℃に予熱しておく。

■作り方

①大きめのボウルに卵と砂糖を入れて砂糖を溶かすように泡立て器で混ぜる。
②バターを加え、ぐるぐると混ぜる
※ムラがあっても良い。
③粉類を加え、ヘラでさっくりと混ぜあわせる。
④まとまってきたら、打ち粉（分量外）をしたバットにあけ、手でなじませ、ラップをして冷蔵庫で30分〜1時間ほど休ませる。
⑤④の生地を12等分にして丸める。
⑥最初に丸めたものから、生地のまわりを人差し指と親指でつまむように生地を回しながら中央を厚めに残し、約直径8cmの円形にのばす。
⑦生地にこしあんをのせて包む。
⑧閉じ口を下にして、クッキングシートを敷いた天板の上に並べる。
⑨刷毛で溶き卵（分量外）を表面に塗り、クルミをのせる。
⑩170℃に余熱したオーブンで約20分焼く。こんがりきれいな色になったら焼き上がり。

# 栗まんじゅう

栗の甘露煮と白あんをクッキー生地で包んだ栗まんじゅう。やさしい味わいで心落ち着きます。コロンとした形がかわいい秋のお菓子です。

■材料（12個分）

薄力粉…150g
強力粉…50g
バター…50g
卵（M〜Lサイズ）…1個
ベーキングパウダー…小さじ1
砂糖…120g
白あん…240g
栗の甘露煮…12個
白ゴマ…適量

■下準備

- 白あんを12等分にして丸める。
- 薄力粉、強力粉とベーキングパウダーをあわせてふるっておく。
- バターは室温で柔らかくしておく。
- オーブンは170℃に予熱しておく。

■作り方

① 大きめのボウルに卵と砂糖を入れて砂糖を溶かすように泡立て器で混ぜる。
② バターを加え、ぐるぐると混ぜる。※ムラがあっても良い。
③ 粉類を加え、ヘラでさっくりと混ぜ合わせる。
④ まとまってきたら、打ち粉（分量外）をしたバットにあけ、手でなじませ、ラップをして冷蔵庫で30分〜1時間ほど休ませる。
⑤ 栗の甘露煮の水気をきる。
⑥ ④を12等分にして丸める。
⑦ 最初に丸めたものから、生地のまわりを人差し指と親指でつまむように生地を回しながら、中央を厚めに残し、約直径8㎝の円形に伸ばす。
⑧ 生地に白あん、栗の甘露煮の順にのせて包む。
⑨ 閉じ口を下にして、クッキングシートを敷いた天板の上に並べる。
⑩ 刷毛で溶き卵（分量外）を表面に塗り、白ゴマを散らす。
⑪ 170℃に余熱したオーブンで約20分焼く。こんがりきれいな色になったら焼き上がり。

# 希望満充（きぼうまんじゅう）

お食後の代表といえば、希望満充。1935（昭和10）年、当時の高等科2年生が誕生日会で1つ10人分の大きなまんじゅうを作ったのがはじまりです。「希望満充」と手書きした旗を立てて完成です。

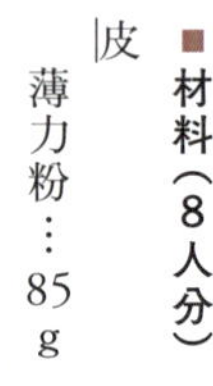

■材料（8人分）

皮
薄力粉…85g
ベーキングパウダー
…小さじ1/2
バター…28g
砂糖…45g
卵…1/2個

サツマイモあん
サツマイモ…350g
砂糖…70g

■下準備

- バターは室温でやわらかくしておく。
- 薄力粉とベーキングパウダーをあわせてふるっておく。
- オーブンは170℃に予熱しておく。

■作り方

① サツマイモあんを作る。サツマイモは洗って皮をむき、1.5cmの輪切りにし、鍋に入れる。
② ひたひたの水と塩ひとつまみ（分量外）を加えて、竹串がすっと通るくらいまで茹で、ザルにあげる。
③ 鍋に戻し、マッシャーでつぶす。
④ 砂糖を加え、中火であんの固さになるまで、しっかり練る。
⑤ バットにあけ、ぴったりとラップをして冷蔵庫で冷ます。
⑥ ボウルにバターを入れ、泡立て器でクリーム状に練る。
⑦ 砂糖を加え、さらによく混ぜる。
⑧ 溶き卵を2回に分けて加えながら、砂糖を溶かすようにしっかりと混ぜる。
⑨ 粉類を加えて均一な生地になるまでヘラでさっくりと混ぜる。
⑩ バットに入れ、ラップをして冷蔵庫で1時間程冷やす。
⑪ サツマイモあんを球状にまるめる。
⑫ 冷えて固くなった⑩の生地を球状に丸めた後、直径約20cmの円形にのばす。
⑬ ⑪のサツマイモあんを置いて包み、包み口を下にして天板におき、刷毛で溶き卵（分量外）を塗る。
⑭ 170℃に予熱したオーブンで50～60分焼く。

希望満充

# 氷じるこ

夏の定番の冷たいお食後です。白玉とあん、氷を器に入れ、氷が少し溶けたタイミングが食べごろです。さらっとした口当たりが涼しさをさそいます。作り方もシンプルなので、夏休みに親子で一緒に作るのにもおすすめです。

**■材料（4人分）**

白玉粉…80g
水…1/2カップ
粒あん…160g
氷…適量

**■下準備**

粒あんの作り方≫P.58

**■作り方**

① 白玉粉をボウルに入れ、水を少しずつ加えながら耳たぶ程度の柔らかさになるまでよくこねる（a）。
② ①を棒状にし、16等分にして丸める（b）。
③ 中央を指で軽く押さえて平らにする（c）。
④ 沸騰させた湯に白玉を入れて茹でる。
⑤ 浮き上がってきて1分ほどしたらすくい上げ、冷水にとって冷やす（d）。
⑥ 器に粒あんと白玉を入れ、氷を加える。

c b a

d

# 水ようかん

夏の和菓子の定番・水ようかんも手作りできます。ひとつまみの塩が甘さをひきたてます。好きな器に入れて冷やせば、おもてなしにも向く一品に。

■材料（4人分）

こしあん…225g
粉寒天…2g
水…250㎖
塩…ひとつまみ

■作り方

①鍋に水と粉寒天を入れ、ヘラで混ぜながら中火にかける（a）。
②沸騰したら弱火にして更に2～3分混ぜ、火を止める。
③ボウルにこしあんを入れ、粗熱をとった②を少しずつ加えながらなめらかになるまでヘラで混ぜる（b）。
④塩を加えさらに混ぜる（c）。
⑤少しとろみがついたら水でぬらした型に流し入れ、冷蔵庫で冷やし固める。

# キウイかん

ミキサーにかけたキウイフルーツと寒天液を混ぜて冷やします。プチプチとした種の食感が楽しい流し菓子です。

■材料（4人分）
キウイフルーツ…大1個
レモン汁…大さじ1
粉寒天…3g
水…200mℓ
砂糖…50g

■作り方
①キウイフルーツは皮をむき、適当な大きさに切りミキサーにかける。
②ボウルに移しレモン汁を加える。
③鍋に水と粉寒天を入れ、ヘラで混ぜながら中火にかける。
④沸騰したら弱火にして更に2～3分混ぜ、砂糖を加えて溶けたら火を止める。
⑤粗熱がとれたら①に加え、よく混ぜてから容器に流し入れ、冷蔵庫で冷やし固める。

# 黒砂糖かん

こくのある黒砂糖を寒天で冷やし固めると、あっさりとした味に。キッチンにあるバットなどで手軽に作れます。

■材料（4人分・15㎝角型1台）

黒砂糖（粉末）…120g
粉寒天…3g
水…400㎖

■作り方

①鍋に水と粉寒天を入れ、ヘラで混ぜながら弱火にかける。
②寒天が溶けたら黒砂糖を加え、少し煮てから火からおろす。
③粗熱がとれたら型に流し入れ、冷蔵庫で冷やし固める。

# くろがね

深みのある黒砂糖の甘さを、こうばしいきなこがひきたてます。くず粉を使うことで、もっちりとした食感に。作り方のポイントはよく練ることです。

■ **材料（4人分・15㎝角型1台）**

黒砂糖
- 黒砂糖（粉末）…130g
- 水…250㎖

くず粉
- くず粉…80g
- 水…160㎖

きな粉…大さじ4

■ **作り方**

① くず粉、黒砂糖をそれぞれ分量の水に溶かし、こし器（ざるでも可）を通して鍋にうつす（a）。

② 強火にかけてゴムベラでよく混ぜる。

③ 鍋肌に沿って固まり始めたら弱火にし、さらによく練る。
※ときどき火からおろして練るとよい。

④ 全体が黒く透き通ってぽってりとしてきたら、水で濡らしたバットに一気にあけ、濡らしたゴムベラで平らにする（b）。

⑤ 固まったらひとくち大の三角形に切り分け、きな粉をかける。

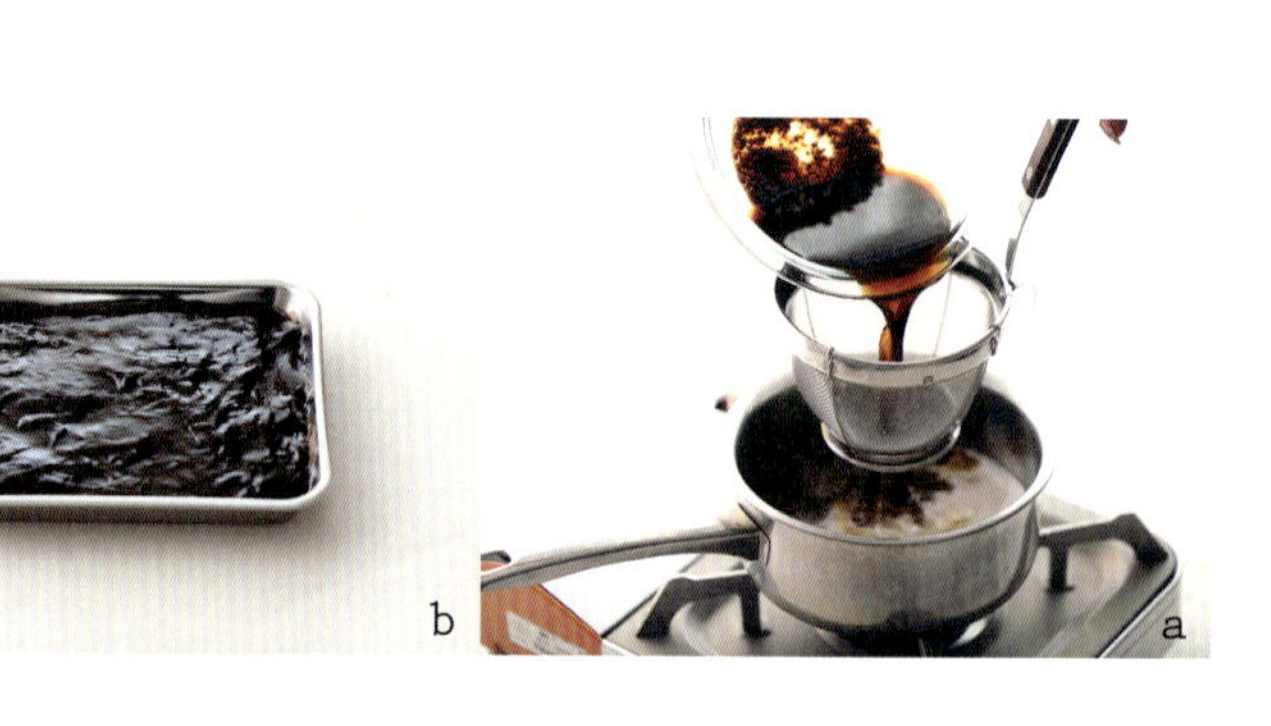
b a

# 雪衣（ゆきごろも）

サツマイモがおいしい季節に作りたい和菓子です。きれいな白い衣にするには、火を止めてから鍋をよくゆするのがポイント。サクサクの食感がたまりません。

■**材料（4人分）**

サツマイモ…400g
砂糖…60g
水…60㎖
揚げ油…適量

■**作り方**

①サツマイモは皮を剥き、乱切りにしてたっぷりの水につける。
②サツマイモをざるに上げ、水気をふきとる。
③170℃の油で中に火が通るまで揚げ、揚がったら油をよく切る。
④鍋に砂糖と分量の水を入れて弱火にかける。
⑤表面に膜ができフツフツしてきたら③を入れる。
⑥鍋をゆすり、サツマイモ全体にからめ、雪をつけたように白くさせる。

# 〝食〟にまつわる仕事に就いた卒業生

KNETEN オーナーシェフ
菊川知子さん
（1996年女子部高等科修了）

木製の棚に並べられた焼き菓子。素材にこだわった菓子のファンは多く、リピーターが絶えません。

## 素材を100%生かせるように

### 息づく食の経験

東京・茗荷谷で、オーガニックスイーツカフェを開いています。素材にこだわり、できるだけ有機栽培のものや国産の原料を使ってケーキやクッキー、軽食を作っています。

小さい頃からお菓子作りが大好きでした。焼き菓子を作れるおもちゃのオーブンでクッキーを焼いたのが始まりです。すぐに大きなオーブンが使いたくなり、家のものを使うようになりました。母が焼いてくれたパンやケーキ、そして自由学園での薪で炊いたごはんや手作りのジャム等のおいしさが、体にしみ込んでいます。そうした体験がいまのお菓子作りの考え方につながっています。

自由学園の高等科を卒業し、調理師と製菓の専門学校で学び、国内外で修業をして2011年に独立しました。20歳の頃、ドイツでヨーロッパのカフェ文化を知り、食事だけでなく、コーヒーやお菓子を介して、人と人との交わりを育む空間がすてきだなと思ったことがきっかけで、カフェを開きました。

働き始めてみて、学園でのお料理やお食後づくりの経験が生きていることを感じます。5分刻みでタイムテーブルを作ったり、事前に役割分担をしっかりして臨んだり——。

### 食材と向き合うことがやりがい

使う材料へのこだわりは、ドイツでの修行時代に、現地のオーガニックスーパーで買った食材の味が忘れられなかったことがあります。それに、環境とのつながりを意識した食のあり方をめざすことが大事だと思ったからです。

日本ではオーガニック食材の取り扱いがまだ少なく、特に青果は自分で農家を探して、直接契約で届けてもらっています。果物だけでも6つの農家にお願いしています。こうした農家を訪ねて、生産者とお話をすることも大切な仕事のひとつです。

有機栽培は自然に近い環境で育てるので、作物に多少のばらつきはあります。同じプルーンでも、一年前よりも甘いとか、固いとか。その年に収穫された作物の味を一番生かすにはどうすればいいかを考え、分量や作り方を調整しています。

素材と向き合うことが、たいへんでもありおもしろくもあります。でも、まだまだ素材の良さを生かす方法があると思うので、もっと技術や知識を身に付けていきたいですね。

焼き菓子の詰め合わせも人気。ケーキやキッシュは季節ごとにいろいろな種類を楽しめます。

Data

**KNETEN**
〒112-0012 東京都文京区大塚
3-44-6 シャトレ内藤1階
https://www.kneten.jp
定休日／毎週火・隔週月

# おわりに

自由学園では在学中、学業のほかにもさまざまなことを学びます。
「お食事」や「お食後」を作るお料理の授業も、そのうちの１つです。
技術的なことはもちろんですが、「手際よく時間内に作るための、優先順位のつけ方」「事前にどのような準備が必要かを考える計画性」「全員が必ず経験するリーダーでは、クラスメイトをまとめていくリーダーシップ」――。
そして何よりも、全員が食堂に集まっていただくお食事を、作業的にではなく“心を込めて作る”ことを学びました。

ご紹介した自由学園のお食後は、私たちが在学していた当時のものをベースに、ご家庭でも気軽に作れるレシピにアレンジしました。
自由学園では、お昼のお食事の後にいただくお食後ですが、普段のおやつに、おもてなしにと、ぜひ楽しみながら作っていただければと思います。

本の制作にあたって、多くの方にご協力いただけたことに大変感謝しています。レシピ本を通じて、多くの方に自由学園を、そして自由学園の教育を知っていただくきっかけになればと考えています。

最後になりますが、2021年、自由学園は創立100年を迎えます。私たちが受けた自由学園の教育が、これから先も長く受け継がれることを願っています。

JIYU5074LABO.

## JIYU5074LABO. 

自由学園の出身者が結成したユニット。足立洋子（料理・50回生）、中林香（写真、スタイリング・74回生）、菅原然子（ライティング・74回生）、小路桃子（企画、編集、スタイリング・74回生）の4人からなる。それぞれの専門分野を生かしつつ、共同作業から新しいものを生み出すことを目指し、様々なかたちで「おいしい」を伝えるメディアを制作する。著書に、自由学園の生徒たちが受け継ぐ料理のレシピ集『自由学園　最高の「お食事」』（新潮社）がある。

デザイン　吉村 亮・大橋千恵（yoshi-des.）

協力　学校法人 自由学園　https://www.jiyu.ac.jp/

撮影協力　KNETEN
東京都文京区大塚3-44-6 シャトレ内藤 1F
菊川知子（1996年女子部高等科修了）

株式会社 自由学園サービス（自由学園明日館）

竹内二美（苫小牧友の会）
横山由美子（室蘭友の会）
鈴木和代（女子部71回生）

自由学園最高学部
田中悠貴（4年）
須山琴美（3年）
松原礼音（2年）
宮代安希子（2年）
伊澤麻里（1年）
石丸文香（1年）
大藪ゆめ実（1年）
田澤うらら（1年）
中村さゆり（1年）
寺沢美希（1年）
久﨑恵那（1年）

写真提供　学校法人 自由学園（P.7）

98年を超えて
生徒たちが受け継ぐ
伝統のお菓子

# 自由学園の「お食後」

2019年8月19日 発　行　NDC596

著　者　JIYU5074LABO.（ジユウゴウゼロナナヨンラボ）
発行者　小川雄一
発行所　株式会社 誠文堂新光社
〒113-0033　東京都文京区本郷3-3-11
［編集］電話03-5805-7765
［販売］電話03-5800-5780
http://www.seibundo-shinkosha.net/
印刷・製本　図書印刷 株式会社



ISBN 978-4-416-71915-2